REFLEXE REFLEXE

Responsable éditorial : Pierre Gerbeaud, LPCC à Lyon
Photogravure et réalisation : Adito à Lyon
Impression et reliure : PozzoGrosMonti à Turin

ISBN 2-88453-090-8

Fontaine de l'Observatoire, chevaux de Frémiet.
(page suivante)

*Observatory Fountain, horses by Fremiet.*

# Paris

## Rive Gauche, Rive Droite

## Left Bank, Right Bank

Photographies : Jacques Bravo - Xavier Richer

Texte : Jean Alberti

Traduction anglaise : Charles Hadley



Les Points Cardinaux

éditions d'art

L'île de la Cité, la cathédrale Notre-Dame, le pont au Double qui la relie au quai de Montebello.
(page précédente)

*L'île de la Cité, Notre-Dame cathedral, and the Pont au Double that leads to the quai de Montebello.*

Le pont Neuf.



*You might say that Paris makes you think of a symphony organized around its river, the Seine, and its wealth and permanence.*

*Since ancient times, humans have lived on the banks of the river, as a number of remains confirm. The city grew out from the Ile de la Cité, a natural stronghold.*

*The Roman occupation first expanded along the left bank of the river, with the Ile making up the major portion of their settlement and the seat of civil and religious authority. On the slopes of Sainte Geneviève's mount can be found Gallo-Roman dwellings, the forum, the baths, the theater, the temples and the arenas.*

*The city developed along the flood-prone and marshy right bank thanks to trade on the river and the ports that were constructed there.*

*The left bank was Gallo-Roman, the medieval city would be on the right.*

*When Philippe Auguste put up a mighty wall around the city in the thirteenth century, it was on the right bank that the area protected was larger, and that the prestigious fortress of the Louvre was built. A century later, under Charles V, the ramparts, though somewhat modified, were still there.*

*Despite the changes that followed one another over the centuries to give Paris its present face, the layout of the city would remain: one third on the left bank, two thirds on the right.*

*The medieval ramparts were left behind to conquer areas hitherto used only for leisure, country houses and truck farms.*

*It was around the end of the eighteenth century that the twenty-four kilometer long wall was erected by the Farmers General. It can still be followed today, along the boulevards that linked the fifty-five toll gates and tax offices. Some of the toll gates are still there, including at la Villette, the Trône (Nation), Bercy, Enfer, Etoile, and Chartres (at the Parc Monceau).*

*The last major expansion took place around the middle nineteenth century with the construction of the Fortifications, where the present Boulevard Périphérique (ring road) is now located. Modern Paris was born.*

Les armoiries de la ville de Paris : la Nef, symbole des marchands de l'eau, et les fleurs de lys royales. La devise : Fluctuat Nec Mergitur.

*The coat of arms of the city of Paris: the Ship, symbolizing the water vendors and the royal fleur de lys*
*The motto: Fluctuat Nec Mergitur (it floats and does not sink).*

# De Lutèce à Paris

On pourrait dire que Paris évoque l'idée d'une symphonie organisée autour de la Seine, son fleuve, sa richesse, sa permanence.

Depuis des temps anciens les hommes ont habité sur les bords du fleuve, plusieurs vestiges le confirment. C'est à partir de l'île de la Cité, rempart naturel, que la ville a pris son essor.

L'occupation romaine du site s'est d'abord étendue sur la rive gauche du fleuve, l'île constituant la partie dominante de leur installation, siège des autorités civiles et ecclésiastiques. Sur les flancs de la montagne Sainte-Geneviève, on retrouve les habitations gallo-romaines, le forum, les thermes, le théâtre, les temples et les arènes.

Plus tard, c'est sur la rive droite du fleuve, inondable et marécageuse, que la ville s'est développée grâce au commerce fluvial et aux ports qui ont été aménagés.

La rive gauche avait été la ville gallo-romaine, la rive droite sera la ville médiévale.

Lorsque Philippe Auguste entoure la ville d'une solide muraille, au XIIIe siècle, c'est sur la rive droite que la superficie protégée sera la plus importante et que le Louvre, prestigieuse forteresse, sera édifié. Un siècle plus tard, sous Charles V, cette enceinte, bien que légèrement modifiée, demeure.

Malgré les aménagements qui se sont succédé au cours des siècles pour donner à Paris son visage actuel, la configuration de la ville restera la même : un tiers sur la rive gauche, deux tiers sur la rive droite.

On sort désormais des murailles moyenâgeuses pour conquérir des territoires jusqu'alors réservés aux loisirs, aux habitations secondaires et aux cultures maraîchères.

C'est vers la fin du XVIIIe siècle qu'apparaît l'enceinte des Fermiers généraux longue de 24 km. Aujourd'hui encore nous pouvons la parcourir en suivant les boulevards qui reliaient les cinquante cinq barrières ou bureaux de perception. Certaines de ces barrières subsistent, comme celles de la Villette, du Trône (à la Nation), de Bercy, d'Enfer, de l'Etoile et de Chartres (au parc Monceau).

La dernière grande extension a lieu vers le milieu du XIXe siècle avec la construction des fortifications (remplacées par le boulevard périphérique actuel). Le Paris moderne est né.

Quai d'Orléans.



*The city's overall harmony has remained through all these developments. Its beautiful building-fronts can be admired in streets and boulevards, with their cut stones from the quarries in Ile-de-France, surfaced with a wide range of coverings, their wrought iron balconies, mansards and slate roofs and numberless brick red chimneys.*

*In the Marais district are to be found many private mansions, sometimes still with their French gardens.*
*The major monuments that are Paris's pride are located all along the Seine.*

*Paris's cultural influence is so well-known that it would be tedious to list its riches in the domain of the Sciences, Literature and the Arts, or to point out the Sorbonne, the Louvre, the Opera, which millions of tourists come to discover or re-discover every year.*

*However, it would be hard to overestimate the unusual, extraordinary, extent of what might be called its octaves.*

*Paris is, at one and the same time,*

The Bibliothèque Nationale (National Library)
and the booksellers on the riverbanks,
The Opera and the Folies Bergères,
The Faubourg Saint Honoré, with its antique shops,
and the cobbled Flea Market,
The precious jewels of the Place Vendôme and the costume jewelers,
The dignified Avenue Montaigne
and the rough and tumble Boulevard Rochechouart,
The haughty Madeleine and the screeching rue Mouffetard,
The Tuileries gardens and the little squares in working-class neighborhoods,
Haute Couture and the simple grace of those who dress inexpensively
The Dance Academy and outdoor Fourteenth of July parties,
Luxury perfumes and the air in the Metro,
The big cafés, whether Flore or others, and neighborhood taverns,
The Assembly of the Notables and Gavroche, the street urchin,
The Louvre and the Place du Tertre,
The well-to-do ladies of Auteuil and the poor ragamuffins of Montmartre,
The mansions in Monceau and the public housing in Clignancourt,
The sparkle of Chaillot at noon and the evening mists over the Ile de la Cité,

*These innumerable features can be likened to the chords of an orchestra, unequaled for him who knows how to listen. The word symphony is thus not an oddity, but perhaps the best way to define this universe: Paris*

En dépit de ses développements successifs, Paris a conservé un visage harmonieux. Dans les rues et les boulevards de la ville, on peut admirer les belles façades de ses immeubles. Pierres de taille (tirées des carrières d'Île-de-France) ornées de stucs variés, balcons en fer forgé, mansardes et toits en ardoise portant un nombre incalculable de cheminées rouge brique.

Dans le quartier du Marais, les hôtels particuliers sont nombreux et parfois encore entourés par des jardins à la française. Quant aux grands monuments, richesse de Paris, nous les découvrons près de la Seine et surtout le long du fleuve.

Il serait fastidieux, puisque le rayonnement culturel de Paris est mondialement connu, d'énumérer ses richesses dans le domaine des Sciences, des Arts littéraires et plastiques, de signaler l'existence de la Sorbonne, du Louvre, de l'Opéra..., que des millions de touristes viennent chaque année découvrir ou revoir.

Par contre, on ne saurait trop insister sur l'étendue remarquable, merveilleuse, de ce qu'on pourrait appeler ses gammes.

Paris, c'est à la fois :

La Bibliothèque Nationale et les « bouquinistes » des quais,
L'Opéra et les Folies Bergères,
Le Faubourg Saint-Honoré et les pavés des « Puces »,
La place Vendôme et les bijouteries de pacotille,
L'avenue Montaigne drapée dans sa dignité et le Boulevard Rochechouart, débraillé,
La Madeleine, hautaine et la rue Mouffetard qui crie à tue-tête,
Les Tuileries et les petits squares des quartiers populaires,
La Haute Couture et la grâce toute simple de celles qui s'habillent pas cher,
L'Académie de Danse et les bals de la Bastille,
Les parfums de luxe et l'air du Métro,
Les grands cafés, de Flore ou d'ailleurs, et les bistrots du coin,
Les notables et Gavroche,
Le Louvre et la place du Tertre,
Les belles Dames d'Auteuil et les petits poulbots de Montmartre,
Les hôtels de Monceau et les H.L.M. de Clignancourt,
L'éclat de Chaillot à midi et les brumes du soir sur la Cité.

Musée Rodin.

Bien sûr, ces innombrables aspects peuvent être comparés aux timbres d'un orchestre, sans doute inégalable pour celui qui sait entendre. Ils confirment que le mot symphonie n'est pas étrange mais qu'il est peut-être le meilleur pour définir ce monde : Paris.

Place Dauphine.



*The Ile de la Cité was the starting point for the development of the city of Lutetia. Fortified all the way around by the walls and the river, it was divided between the ecclesiastical power at the East end and the civil power at the West.*

*The present site of Notre Dame Cathedral was once occupied by Gallish and Roman structures, which were succeeded by Christian churches from the fourth to the twelfth centuries.*

*Building on Notre Dame started in 1163, to be completed in 1250. It was entirely restored in the nineteenth century, with a spire by Viollet-le-Duc.*

*The civil authority was based where the present Law Courts (Palais de Justice) are, first as the residence of the Roman governor, then as that of numerous Merovingian, Carolingian and Capetian kings.*
*The royal dwelling was finally given up by Louis XIV, to become the seat of Justice, with the famous Conciergerie, of sad renown as a prison during the Revolution.*

*Louis IX, Saint Louis, king from 1226 to 1270, had the Sainte Chapelle built in the very heart of the royal residence, as a home for the worship of the Holy Crown and other relics brought from Jerusalem by the Crusaders.*

*In the sixteenth century, under Henri IV, the Place Dauphine was built at the west end of the island. An equestrian statue of the "Gallant King" overlooks the Seine at the Pont Neuf. On the parvis at Notre Dame a bronze plaque is the zero point for all the roads leading from the capital.*

# L'Île de la Cité

C'est à partir de l'Île de la Cité que l'urbanisation de la ville de Lutèce se développe. Entièrement et doublement fortifiée par des murailles et par le fleuve, elle est partagée entre le pouvoir religieux à l'est et le pouvoir civil à l'ouest.

L'emplacement actuel de la cathédrale Notre-Dame avait été, autrefois, occupé par des lieux de culte gaulois et romains. Plus tard des églises chrétiennes, entre le IVe et le XIIe siècle occuperont ce même site.

Notre-Dame est édifiée à partir de 1163 et achevée en 1250. Elle sera entièrement restaurée au XIXe siècle, la flèche étant l'œuvre de Viollet-le-Duc.

Le pouvoir civil occupait l'actuel emplacement du Palais de Justice, résidence du gouverneur romain d'abord, puis des divers rois mérovingiens, carolingiens et capétiens. Cette demeure royale sera abandonnée définitivement par Louis XIV. Elle deviendra le siège de la Justice avec la célèbre Conciergerie, prison tristement connue au moment de la Révolution.

Louis IX voulant donner un lieu de culte à la sainte Couronne rapportée avec d'autres reliques de Jérusalem, lors des croisades, fait édifié la sainte-Chapelle au cœur même de la résidence royale.



Au XVIe siècle sous le règne d'Henri IV, à l'extrémité ouest de l'île, on construit la place Dauphine. Une statue équestre du roi « Galant » domine la Seine au pont Neuf.

Sur le parvis de Notre-Dame, une plaque de bronze indique le point zéro pour toutes les routes partant de la capitale.

DE CASSATION

Statue équestre d'Henri IV,
le pont Neuf et en face,
la rue Dauphine.

*Equestrian statue of Henry IV,
the Pont Neuf and, across from it,
rue Dauphine.*

Sur le quai de l'Horloge,
la Conciergerie et, plus loin,
le pont au Change.
(double page précédente)

On the quai de l'horloge,
the Conciergerie and further off,
the Pont au Change.

Le pont Saint-Louis relie l'île
Saint-Louis à l'Île de la Cité.

*Pont Saint-Louis leads from the île
Saint-Louis to the île de la Cité.*

La tour de l'Horloge fut installée en 1371 par Charles V.
Première horloge de Paris, elle fonctionne toujours
et se trouve au milieu des statues de la Loi et de la Justice.

*The Tour de l'Horloge (Clock Tower) was set up in 1371 by Charles V. Paris's first clock, it is still running, between the statues of Law and Justice.*

Le palais de Justice
(ancien palais des rois de France)
et son superbe portail d'entrée.

*The palais de Justice (Law Courts), (once the palace of the kings of France) with its superb main portal.*

Derrière l'enceinte du palais de Justice, la Sainte-Chapelle, joyau de l'art gothique, bâtie par saint Louis en 1246-1248, est un véritable écrin de pierre orné de merveilleux vitraux des XIIIe et XIVe siècles.

*Behind the Law Courts, the Sainte Chapelle, one of the pinnacles of Gothic art, built under Saint Louis between 1246 and 1248, is a stone jewel-box for its stunning fourteenth and fifteenth centuries stained glass.*

Le pont Neuf, à la pointe de l'Île de la Cité.

*The Pont-Neuf, at the tip of the Ile de la Cité.*

Vedettes du Pont Neuf
Parisis
P 15837 F

Sortie de la station du métro Cité et le marché aux fleurs.

*Entrance to the "Cité" metro station and the flower market*

Le square ombragé du Vert-Galant, point de départ des vedettes du pont Neuf

*The shady Vert-Galant square, where the Pont-Neuf boats leave from.*

La cathédrale Notre-Dame et les statues des vingt-huit rois de la tribu de Juda en commençant par le roi David. D'après la chronologie biblique, ils étaient les ancêtres du Christ. Ces statues détruites à la Révolution ont été sculptées au XIXe siècle d'après les dessins de Viollet-le-Duc.

*Notre-Dame cathedral and the statues of the twenty-eight kings of the tribe of Judah, starting with David; according to Biblical chronology, they were the ancestors of Christ. The statues were destroyed during the Revolution and sculpted during the nineteenth century based on drawings by Viollet-le-Duc.*

Battant du portail central et vitraux de Notre-Dame.

*One door of the central portal and stained glass at Notre-Dame.*

Le chevet de Notre-Dame avec sa flèche haute de 90 m, réalisée d'après les plans de Viollet-le-Duc et, au premier plan, la crypte de la déportation.

*The apse of Notre-Dame with its ninety-meter (295-foot) high steeple, based on plans by Viollet-le-Duc with the Deportation Crypt in the foreground.*

Vue générale sur Notre-Dame et la tour Eiffel avec, au premier plan, le pont de Sully et le pont de la Tournelle sur lequel se dresse un pylône en pierre de taille surmonté de la statue de sainte Geneviève, sainte patronne de Paris par Landowski.

*Notre Dame and the Eiffel Tower; in the foreground pont de Sully and pont de la Tournelle, with its stone pillar, on which stands Landowski's statue of Saint Genevieve, the patron saint of Paris.*

L'hôtel particulier du 4 rue Monsieur-le-Prince date du début du XVIIIe. Il a été la demeure de Dalons et plus tard, celle de Du Bacq. La porte et la fenêtre qui la surplombent sont classées.

*The private mansion at number 4 rue Monsieur le Prince dates from the beginning of the eighteenth century. Dalons and later Du Bacq lived there. The door and the window above it are historic landmarks.*

*The Roman city gradually turned into a headquarters of knowledge. Around forty colleges took in youths eager to learn. It may have been Abelard, in the eleventh century, who set the movement going, teaching on the slopes of the Mount Sainte-Geneviève. La Sorbonne, the Ecole Polytechnique, the Ecole de Médecine, and more recently the Jussieu University campus are the heirs of this intellectual tradition. A large number of publishers have settle in the area.*

*At the foot of the Mount, on the Boulevard Saint-Michel, are to be seen the ruins of the Roman baths and the ancient residence of the abbeys of Cluny, where the Stone Sculpture Museum (Musée Lapidaire) is now located.*

*In the crypt of the Pantheon, built at the end of the eighteenth century at the top of the Mount, lie the remains of a number of illustrious figures of French history.*

*The Place de la Contrescarpe and the rue Mouffetard are holdovers from the Paris of yesterday, the bohemian Paris dear to Henri Murger, celebrated in song in Giacomo Puccini's opera "La Bohème".*

*On the other side of the Mount, facing the Odeon theater, now the Theater of Europe, is the Luxembourg Palace, put up at the beginning of the sixteenth century at the behest of Marie de Medici, who wanted to reproduce the Palazzo Pitti in Florence.*

*Today the grandiose building, which houses the Senate, is surrounded by a large French garden with alleys, ponds, and shady flower gardens, decorated with statues of queens and princesses of France and the Medici fountain.*

# Le quartier Latin

Marché, rue Mouffetard.

La cité romaine se transforme peu à peu en quartier du savoir. Des collèges, environ une quarantaine, accueillent des jeunes désireux d'apprendre. C'est peut-être Abelard au XIe siècle, qui donne cette impulsion à la connaissance, en enseignant sur les flancs de la montagne Sainte Geneviève. La Sorbonne, l'Ecole Polytechnique, l'Ecole de Médecine et plus près de nous l'Université de Jussieu sont les héritiers de cette tradition intellectuelle. Bon nombre d'éditeurs vont s'établir aussi dans ce quartier.

Au bas de la montagne, sur le boulevard Saint Michel, on découvre les ruines des thermes de Lutèce et dans l'ancien hôtel des abbés de Cluny, un Musée Lapidaire a été installé.

En haut de la montagne, le Panthéon, construit à la fin du XVIIIe siècle, abrite, dans sa crypte, les corps de figures illustres de l'histoire de France.

La place de la Contrescarpe et la rue Mouffetard restent les vestiges du Paris d'autrefois, celui de « la vie de bohème » chère à Henri Murger et chantée dans l'opéra de Giacomo Puccini.

De l'autre côté de la montagne, en face du théâtre de l'Odéon, aujourd'hui de l'Europe, on découvre le Palais du Luxembourg édifié au début du XVIe siècle selon le souhait de Marie de Médicis qui voulait reproduire le Palazzo Pitti de Florence.



Aujourd'hui siège du Sénat, cette grandiose construction est entourée par un vaste jardin à la française avec allées, plans d'eau, parterres ombragés et décorés par des statues de reines et princesses de France et par la fontaine Médicis.

Le quartier Latin. Dans les arbres, l'église Saint-Julien-le-Pauvre datant du XIIe-XIIIe siècle est une des deux églises les plus anciennes de Paris. Située au milieu du monde universitaire, elle fut au XIIIe et XIVe siècles l'église des maîtres et des élèves : Albert-le-Grand, Thomas d'Aquin, Dante, Pétrarque et bien d'autres venus prier dans ce lieu sacré.

*The Latin Quarter. In the trees, Saint Julien the Poor Church, constructed in the twelfth and thirteenth centuries,is one of the oldest churches in the city. Its location in the midst of the university district made it the church both of professors and students: Albertus Magnus, Thomas Aquinas, Dante, Petrarch, and many others came to pray in this holy place.*

L'ancien clocher de Sainte-Geneviève, appelé aussi tour de Clovis, le Panthéon et la tour Montparnasse forment une belle diagonale avec, au premier plan, l'église de Saint-Étienne-du-Mont.

*The ancient bell-tower on Saint Genevieve, also known as Clovis' Tower, the Pantheon and the Montparnasse Tower make a pretty diagonal, with Saint Etienne du Mont Church in the foreground.*

L'Institut du Monde Arabe, à Jussieu, conçu par Jean Nouvel. Ce beau bâtiment, symbiose parfaite entre les matériaux modernes et l'architecture arabe traditionnelle fait, avec ses 240 panneaux géométriques de la façade sud, des clins d'œil aux différentes heures de la journée.

*In his striking Arab Studies Institute building at Jussieu, designer Jean Nouvel brought together modern building materials and traditional Arab architecture in perfect harmony. The 240 geometric panels on its south-facing façade cast different glances at you depending on the time of day.*

Fenêtre richement décorée et porte du Musée lapidaire de la ville de Paris, dans l'ancien hôtel de Cluny.

*A richly decorated window and a door at the Stone Sculpture Museum in the former Cluny mansion.*

Le grand salon de la Sorbonne. Au fond, portrait du cardinal de Richelieu peint en 1640 par Philippe de Champaigne. C'est l'ancienne salle du conseil académique.

Les cinq masses des facultés le Droit (au centre), la Médecine (à gauche avec le serpent), les Sciences (première à gauche), les Lettres (la boule à droite), la Pharmacie (à droite avec statue).

Sur l'estrade de l'amphithéâtre, toile de 25,60 x 4 m de Puvis de Chavannes représentant le bois sacré.



*The Great Hall in the Sorbonne, once the Academic Senate Hall. At the far end hangs Philippe de Champaigne's portrait of Richelieu (1640).*

*The ceremonial maces of the five Colleges: Law (center), Medicine (caduceus at left), Science (far left), Literature (ball at right), Pharmacy (statuette, far right).*

*Behind the podium in the lecture theater, Puvis de Chavannes's canvas (25,6 by 4 meters, i.e., 84 by 13 feet) represents the sacred wood.*

Le jardin du Luxembourg
avec son grand bassin,
cher au cœur de
générations de Parisiens
venus s'initier
au métier de marin...

*The reflecting pond in the Luxembourg garden is dear to the hearts of generations of Parisians who have come to learn the fine art of the sailor.*

Palais et jardin du Luxembourg, et une des statues des reines de France installées par Louis-Philippe.

*The Luxembourg Palace and Garden, with one of the statues of the Queens of France put there by Louis Philippe.*

La fontaine de l'Observatoire est ornée de la sculpture de Jean-Baptiste Carpeaux, "les Quatre Parties du monde" (la cinquième n'étant pas représentée par souci d'équilibre), globe terrestre entraîné par le mouvement de quatre jeunes filles.

*The Observatory Fountain, with Jean-Baptiste Carpeaux's sculpture "The Four Parts of the World" (the fifth part is left out to preserve balance), a globe moved by four young girls.*

Souvenir des petites haltes gastronomiques des marchands des Halles.

*A reminder of the quick gourmet stops around the Food Markets.*



*The present Pont au Change leads from the Ile de la Cité to the Place du Châtelet on the right bank, built on the ruins of the Grand Châtelet (Great Castle), a huge fortified gate at the end of the bridge.*
*Two large theaters face each other, and take up most of the space: the Théâtre Musical de Paris (formerly Châtelet) and the Théâtre de la Ville (formerly the Sarah Bernhardt Theater). The Victory Fountain in the middle of the square was erected in 1808 in honor of the battles fought by the imperial army.*

*The flamboyant Gothic Saint Jacques Tower was constructed in the sixteenth century beside the eleventh century Saint Jacques la Boucherie church. The church was torn down at the end of the eighteenth century; the Tower now stands alone at the original spot.*
*The river banks on the right banks were lower than on the left. Everything travelled on the Seine: log-rafts from Morvan, wheat and other grain, wine, coal, hay, sand and stones. Ports were naturally built, mainly on the more accessible right bank.*
*The foremost one was at the bottom of the Place de Grève, now the Place de l'Hôtel de Ville.*

*Whereas the Latin quarter was that of knowledge, on the right bank, merchants and craftsmen were in the majority. As a result, the responsibility for the operation of the city fell upon the provost of the merchants.*
*The first City Hall, a stately Renaissance building, dating from the sixteenth and seventeenth centuries, was burned to the ground during the Commune of 1870.*
*The present building, completely rebuilt, was inaugurated in 1882. It is a majestic palace, worthy of the city, with some features carried over from the previous one. Dozens of sculptures on the four façades represent cities, trades and famous women. The rooms and monumental staircases inside are richly decorated. Charles de Gaulle was received at the Hôtel de Ville on August 25, 1944, when Paris was liberated.*
*The Forum des Halles is a recent construction, built on the site of the Central Market, Paris' belly. A huge hole was filled up, and today, shops, movie theaters, and a large metro station occupy several underground floors.*
*Overlooking the Forum, Saint-Eustache church rears its imposing silhouette. It is Gothic in structure, but decorated in the Renaissance style, and served as the church of the guilds and corporations of the Central Market and the trades. It is also known for its organs, among the largest in Paris.*
*The Innocents' Fountain, by Jean Goujon, at first crowded against the Church of the Holy Innocents, was finally installed on the Place Joachim de Bellay.*
*The National Center for Art and Culture, better known as the Centre Beaubourg, is a modern structure, inaugurated in 1974.*

# Du Châtelet à l'Hôtel de Ville

Le théâtre de la ville au Châtelet.

En traversant, depuis l'île de la Cité, l'actuel pont au Change on aborde la rive droite sur la place du Châtelet.
Cette place a été construite sur les ruines du Grand Châtelet, immense porte fortifiée à la sortie du pont.
Deux grands théâtres se faisant face occupent une grande partie des lieux : le Théâtre Musical de Paris ex-Châtelet et le Théâtre de la Ville ex-Sarah Bernhardt. La fontaine de la Victoire exaltant les combats de l'armée impériale, construite en 1808, est située au milieu de la place.

À côté de l'église Saint-Jacques-la-Boucherie du XIe siècle, on avait bâti au XVIe siècle l'actuelle tour Saint-Jacques en style gothique flamboyant. L'église fut démolie à la fin du XVIIIe siècle, la tour demeure, isolée, à son emplacement original.
Les bords de la Seine sur la rive droite étaient moins élevés que sur la rive gauche. Des trains de bois flottants en provenance du Morvan, le blé, les grains, le vin, le charbon, les foins, le sable et les pierres, tout circulait sur la Seine. Il était naturel que divers ports soient installés, surtout du côté droit du fleuve plus facilement accessible.
Le principal de ces ports était situé en bas de la place de Grève, l'actuelle place de l'Hôtel de Ville.
Si le quartier Latin était celui du savoir, sur la rive droite ce sont les marchands et les artisans qui prédominaient. Par conséquent, la charge de la direction de la ville fut dévolue au prévaut des marchands.
Le premier Hôtel de Ville remonte au XVIe-XVIIIe siècle. C'était un imposant édifice Renaissance ; il fut entièrement détruit en 1871, incendié, lors de la Commune.
L'actuel bâtiment, entièrement rebâti, est inauguré en 1882.
C'est un palais digne de la ville, majestueux, ayant conservé certains aspects du précédent. Des dizaines de sculptures ornent ses quatre façades représentant des villes, des métiers et des femmes célèbres.
À l'intérieur, ses salles, ses escaliers monumentaux sont richement décorés.
Charles de Gaulle est accueilli à l'Hôtel de Ville le 25 août 1944 lors de la Libération de Paris.
Le Forum des Halles est une réalisation récente. Il a été construit sur l'emplacement des halles centrales, le ventre de Paris. Un immense trou a été comblé et aujourd'hui sur plusieurs étages en sous-sol, des commerces, des salles de cinéma et aussi une grande station métropolitaine ont été installés.
Dominant le Forum, l'église Saint-Eustache dresse sa silhouette imposante. Construite au XVIe siècle sur des structures gothiques mais aux décors style Renaissance, elle était l'église des corporations des halles et des confréries des métiers. Elle est aussi connue par ses orgues parmi les plus grandes de Paris.
La Fontaine des Innocents, œuvre de Jean Goujon, a trouvé enfin sa place, après avoir été accolée à l'église des Saints Innocents sur la place Joachim de Bellay.
Le Centre National d'Art et de Culture, plus connu sous le nom de Centre Beaubourg, est un édifice moderne inauguré en 1974.

La fontaine du Châtelet, dite aussi fontaine du Palmier, élevée en 1806, a été déplacée et remontée en 1856 avec un socle à sphinx sculptés par Jacquemart.

*The fountain at Châtelet, often called the Palm-Leaf Fountain, was put up in 1806 and removed and reinstalled in 1856 on the base with its sphinxes sculpted by Jacquemart.*

La tour Saint-Jacques et l'Hôtel de Ville au milieu des toits et des cheminées de Paris.

*The Saint Jacques Tower and the City Hall above the roofs and chimneys of the city.*

Parvis de Saint-Eustache, église particulièrement chère aux mélomanes, et statue en grès de Bourgogne d'Henri de Miller " L'Écoute ".

*Portal of Saint Eustace Church (a church dear to music-lovers) and Henri de Miller's Burgundy sandstone "Listening".*

Dans un immense trou qui a été une des attractions parisiennes dans les années 70, le nouveau quartier des Halles a vu le jour. L'église Saint-Eustache qui domine le ciel du Forum des Halles a été édifiée de 1532 à 1637.

*In a huge hole that was one of the city's attractions in the 1970s, the new Halles (Central Market) district came into being. It took from 1532 to 1637 to build Saint Eustace Church, now the dominant figure on the skyline of the Forum des Halles.*

La fontaine des Innocents, achevée par Jean Goujon en 1549, est la seule fontaine publique Renaissance existant à Paris.

*Jean Goujon's Fountain of the Innocents is the only public fountain in Paris dating from the Renaissance.*

Place Stravinsky, fontaine animée de Tinguely et Niki de Saint-Phalle.



*Fontaine Tinguely aux personnages Niki de Saint-Phalle.*

Au XIe siècle, le "Beau Bourg" était un charmant village au milieu des vignes. Le centre Georges Pompidou, dit centre Beaubourg, est sorti de terre en 1977, conçu par les architectes Renzo Piano et Richard Rogers, et rénové en 2000.

*In the eleventh century, the "Beau Bourg" (beautiful town) was a charming village among the grape vines. The Georges Pompidou Center, called Beaubourg, was designed by architects Renzo Piano and Richard Rogers; it opened in 1977, and was renovated in 2000.*

Rue des Barres.
De pur style flamboyant du XVIe siècle, l'église Saint-Gervais est l'une des plus anciennes paroisses de la rive droite.

*Rue des Barres.*
*In purest flamboyant Gothic style, Saint Gervais church is one of the oldest parishes on the right bank.*

L'Hôtel de Ville est placé sur la rive droite près du carrefour principal nord-sud, est-ouest de la ville. Détruit et reconstruit plusieurs fois, il garde toujours l'aspect majestueux du cœur de Paris. Parmi les nombreuses statues qui l'entourent, celle de Molière nous apparaît comme étant la plus symbolique de la Ville Lumière.

*The City Hall is located on the right bank, near the main north-south, east-west crossroads of the city. Though it has been destroyed and rebuilt several times, it still maintains a majestic presence in the heart of Paris. Of the numerous statues around it, Molière's seems perhaps most symbolic of the City of Light.*

Rue Geoffroy-L'Asnier.



*In the marshy Marais district, often flooded by the Seine, little hummocks of gravel were above the water line and served as refuges for the inhabitants. On one of these "monceaux", as they were called, a very old monastery was established, the now-vanished Abbey of Saint-Gervais. The present seventeenth century Saint-Gervais Saint-Protais church was long one of the richest in the city, due to its location in the middle of a district of private mansions.*

*Some of those dwellings have disappeared, others, purchased by the city, now house museums, libraries, or the headquarters for cultural, educational or administrative centers.*
*The Hôtel de Sens is one of the oldest buildings in Paris. It was built in a semi-Gothic, semi-Renaissance style at the end of the fifteenth century. Three turrets at the corners give the building, the residence of the bishops of Sens, a castle-like appearance. The whole is complemented by a French garden.*
*The Hôtel de Sully was built at the beginning of the sixteenth century. Like most Renaissance buildings, it is overloaded with bas-reliefs, arches and niches.*

*The Hôtel Carnavalet bears the mark of Jean Goujon and Pierre Lesot. It was built in the mid-sixteenth century, and is richly decorated with numerous statues. In the honor court can be seen an admirable statue of Louis XIV. Today the building houses the museum of the history of Paris.*
*The History Library of the City of Paris is located in the former Hôtel d'Angoulême, now Lamoignon.*
*The rue des Francs-Bourgeois crosses the wealthy Marais district from one side to the other and ends at the Places des Vosges, formerly the Place Royale, spell-binding for the first-time visitor.*
*A harmonious realization of the seventeenth century, the twenty-eight arcade-linked buildings that surround it are marked by a striking uniformity. It has come through four centuries without apparent damage. An equestrian statue of Louis XIII is in the shady garden at the center of the square; at number 6, where Victor Hugo lived, is a museum about him.*
*The nearby Place du Marché Sainte-Catherine is a little masterpiece of the eighteenth century, and a restful place of human dimensions.*

*The Ile Saint Louis, a showcase of beauty for the sightseer, is across the Pont Marie.*
*It was organized at the beginning of the sixteenth century, bounded by quai d'Orléans, quai de Béthune, quai d'Anjou and quai de Bourbon, with the rue Saint-Louis-en l'Ile crossing it from one side to the other. It too has remained unchanged for four centuries with its numerous private mansions.*

# Le Marais

Porte de l'Hôtel Amelot de Bisseuil,
rue Vieille du Temple.

Dans le secteur des marais, innondé fréquemment par la Seine, des petites buttes de gravillons émergeaient et elles servaient de refuge aux habitants. C'est sur un de ces «monceaux», ainsi appelé, qu'un très vieux monastère s'était installé. C'était l'abbaye de Saint-Gervais aujourd'hui disparue.
L'église actuelle de Saint-Gervais Saint-Protais du XVIIe siècle a été longtemps une église parmi les plus riches de Paris en raison de sa position au cœur d'un quartier d'hôtels particuliers.

Quelques-unes de ces habitations ont disparu, d'autres, achetées par la ville de Paris, sont devenues des musées, des bibliothèques ou des sièges de centres culturels, scolaires ou administratifs.
L'hôtel de Sens est un des édifices les plus anciens de Paris. Sa construction dans un style mi-gothique, mi-renaissance date de la fin du XVe siècle. Trois tourelles d'angle donnent à cet hôtel des archevêques de Sens un aspect de petit château. Un jardin à la française achève le décor de ce palais.
L'hôtel de Sully a été construit au début du XVIe siècle.

Comme la plupart des constructions Renaissance, il est surchargé de bas-reliefs, décorés d'arcatures et de niches.
L'hôtel Carnavalet porte l'empreinte de Jean Goujon et Pierre Lescot. Construit au milieu du XVIe siècle, il est richement décoré par de nombreuses statues. Au milieu de la cour d'honneur on admire la statue pédestre de Louis XIV. Aujourd'hui cet hôtel conserve toutes les richesses artistiques de la ville de Paris.
La Bibliothèque d'Histoire de la Ville de Paris est installée dans l'ancien hôtel d'Angoulème puis Lamoignon.
C'est la rue des Francs-Bourgeois qui traverse de part en part ce prestigieux quartier du Marais et qui termine son tracé à la place des Vosges. Autrefois appelée Royale, cette extraordinaire place est un enchantement pour celui qui la découvre.
Réalisation harmonieuse du XVIIe siècle parisien, on a su rendre homogène l'ensemble des 28 pavillons qui l'entourent, le tout relié par des arcades. Elle a su traverser quatre siècles sans dommages apparents.
Au centre de la place, dans un jardin ombragé, se trouve la statue équestre de Louis XIII.
Au n° 6 de la place, l'ancienne demeure de Victor Hugo où un musée lui est consacré.
Tout près, la place du Marché-Sainte-Catherine est un petit chef d'œuvre du XVIIIe siècle. C'est un lieu de détente à dimensions humaines.
En traversant la Seine par le pont Marie on pénètre sur l'île Saint-Louis. C'est un petit écrin de beauté qui accueille le promeneur.
Elle a été organisée au début du XVIe siècle. Bordée par les quais d'Orléans, de Béthune, d'Anjou et de Bourbon, elle est traversée de part en part par la rue Saint-Louis-en-l'Ile. Elle aussi est restée immuable depuis quatre siècles avec de nombreux hôtels particuliers.

L'hôtel de Sens, où vécut la reine Margot, est l'un des rares témoignages de l'architecture médiévale parisienne. Il abrite la bibliothèque Fornay, centre de documentation des artisans parisiens, fondée en 1886 grâce à un don de l'industriel du même nom.

*The Hôtel de Sens, where Queen Margot lived, is one of the few remaining witnesses to medieval Parisian architecture. It houses the Fornay Library, an information center for Parisian artists, which was founded in 1886 by an industrialist who gave it his name.*

L'hôtel de Sully, l'un des plus beaux du Marais, construit par le ministre d'Henri IV en 1624,
dont la restauration est une réussite, est le siège de la Caisse nationale des monuments historiques et des sites.

*The Hôtel de Sully, built in 1624 by Henri IV's minister is one of the most striking in the Marais district.
It was successfully restored, and is now the headquarters of the National Historical Monuments and Sites Bureau.*

L'hôtel Carnavalet, où vécut Madame de Sévigné, a été transformé en musée historique de la Ville de Paris depuis 1880.

*The Hôtel Carnavalet, once inhabited by Madame de Sévigné, was made over into the Paris Historical Museum in 1880.*

L'hôtel de Lamoignon, rue Pavée abrite, la bibliothèque historique de la Ville de Paris. Elle possède plus d'un million de volumes et manuscrits relatifs à l'histoire de Paris.

*The Hôtel de Lamoignon in the rue Pavée, houses the City of Paris Historical Library, with more than a million volumes and manuscripts related to the history of the city.*

Une des plus anciennes maisons de Paris, 13, rue François Miron, maison à pignons et colombages datant de la fin du Moyen-Âge.

*The half-timbered, gabled house at number 13 rue François Miron is one of the oldest in Paris.*

Tour Philippe Auguste au 57, rue des Francs-Bourgeois.

*A tower in Philip Augustus's wall.*

Restaurant du Marais.

La rue Vieille-du-Temple date du début du XIIe. Rue populaire, jadis élégante, elle est bordée de part et d'autres d'hôtels particuliers qui alternent avec de modestes boutiques.

*The rue Vieille-du-Temple dates from the beginning of the twelfth century. Now a working-class district, once upper-crust, mansions follow upon small shops all along both sides of the street.*

La place des Vosges, un harmonieux ensemble de vingt-huit hôtels particuliers et, dans le prolongement de la rue des Francs-Bourgeois, sous les arcades, des magasins d'antiquités et des galeries d'art.

*The Place des Vosges, a harmonious group of twenty-eight private mansions, and, continuing the rue des Francs-Bourgeois under the arcades, antique shops and art galeries.*

Quai d'Anjou, détail de la porte de l'hôtel Lambert (Rothschild).

*Quai d'Anjou, the door to the Hotel Lambert (Rothschild mansion, detail).*

Île Saint-Louis, quai de Béthune.

Square Barye sur l'île Saint-Louis.

Rue de Rennes.

*The Saint-Germain-des-Prés district has become a hub of activity since World War II. A whole generation of intellectuals, eager for new forms of thought, was attracted to the Café Lipp, le Flore, the Deux Magots, with the Left Bank spirit and the expansion of existentialism. Even today, the whole area, especially the rue de Rennes takes a staunchly modern stance. Any number of fashion boutiques have been set up.*

*In the distance can be seen Montparnasse, with the new railway station and especially the Tower, the highest in Paris, crowned by a panoramic restaurant overlooking the whole city. On the Place Saint-Sulpice can be seen Visconti's Fountain of Celebrated Orators, completed in 1847. Saint-Sulpice church, built at the end of the eighteenth century, had to wait 130 years to be consecrated. Rue Saint-André-des-Arts is one of the oldest and in its time most important thoroughfares in the old city. A number of buildings date from the fifteenth and sixteenth centuries; Renaissance houses are to be seen in the cour de Rohan.*

*Saint-Germain-des-Prés Church was part of the sixth century abbey, built outside the city walls and hence fortified. It has been destroyed and rebuilt several times; today, only the twelfth and thirteenth century church survives. On the banks of the Seine, a number of notable buildings call out to the sight-seer to revel in their artistic and cultural riches. The Hôtel de la Monnaie, completed under Louis XVI, is a genuine masterpiece of the eighteenth century. Today it houses the Musée de la Monnaie (Museum of the Mint) and the workshop where commemorative medals and collectible coins are minted.*

*The neighboring Institut de France houses the Académie Française, the Académie des Beaux Arts, the Mazarine Library and other academic institutes.*

*The monumental former Orsay railway station, where trains came and went from Orléans, together with the grand hotel that was part of it, has been transformed into the Orsay Museum, entirely devoted to the sculpture and painting of the nineteenth century.*

*The Palais Bourbon, located in the same district as the Ministries and Embassies, became the home of the National Assembly at the time of the Revolution. In addition to its meeting halls, committee rooms and offices, it houses a large library.*

# Saint-Germain-des-Prés

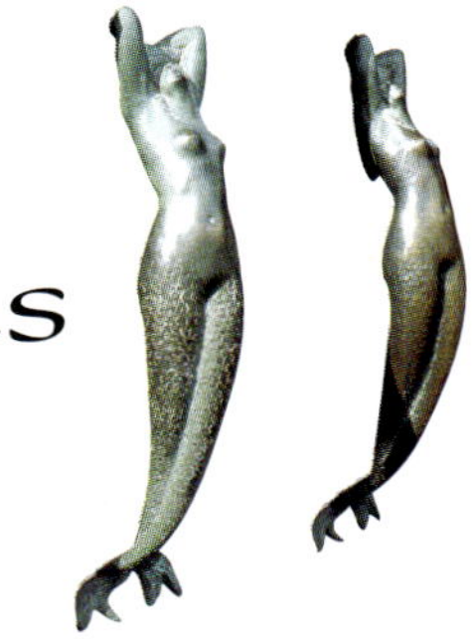

Passerelle des Arts.

C'est un des pôles d'attractions, surtout en vogue après la Seconde Guerre mondiale.
Les cafés Lipp, le Flore, les Deux Magots ont attiré toute une génération intellectuelle avide de nouvelles formes de pensée. C'est l'esprit « Rive Gauche » et la propagation de la philosophie existentialiste.
Aujourd'hui encore, tout le quartier et surtout la rue de Rennes se positionnent dans un esprit moderne.
Nombreuses boutiques du monde de la mode ont trouvé leur place à Saint-Germain-des-Prés .

Au loin se profile Montparnasse, la gare nouvelle, et particulièrement la Tour, la plus haute de Paris, au sommet de laquelle un restaurant panoramique domine toute la cité.
Sur la place Saint-Sulpice se dresse la fontaine des Orateurs célèbres, œuvre de Visconti, terminée en 1847.
Quant à l'église Saint-Sulpice achevée vers la fin du XVIIIe siècle, il fallut attendre plus de cent trente trois ans pour assister à sa consécration.
La rue Saint-André-des-Arts est une des plus anciennes et, en son temps, des plus importantes artères de la vieille ville. Plusieurs immeubles datent des XVe et XVIe siècles ; dans la cour de Rohan, on admire de vieilles maisons Renaissance.

L'église de Saint-Germain-des-Prés faisait partie de l'ancienne abbaye édifiée au VIe siècle. Entièrement fortifiée car placée en dehors des murs de la ville, elle a été plusieurs fois détruite et rebâtie.
Aujourd'hui, seule l'église du XIIe-XIIIe siècle subsiste.
Sur les rives de la Seine, plusieurs immeubles de grande notoriété invitent le passant à découvrir leurs richesses artistiques et culturelles.

L'Hôtel de la Monnaie, achevé sous le règne de Louis XVI, est un véritable chef-d'œuvre du XVIIIe siècle. Il abrite le musée des Monnaies et l'atelier de frappe des médailles commémoratives et des pièces de collection.

L'Institut de France, qui fait suite, est le siège de l'Académie française, des Beaux-Arts, de la bibliothèque Mazarine et autres instituts.
L'ancienne gare monumentale d'Orsay des chemins de fer d'Orléans et son Grand Hôtel sont aujourd'hui occupés par le musée d'Orsay consacré aux œuvres des sculpteurs et peintres français du XIXe siècle.

Le palais Bourbon est situé dans le quartier des ministères et des ambassades. C'est à la Révolution que cet édifice reconstruit devient le siège de l'Assemblée nationale.
Outre la salle des séances, les salons et les bureaux pour les députés, il abrite une importante bibliothèque.

Les brasseries : Lipp, le Petit Zinc et les Deux Magots à Saint-Germain-des-Prés.

Église de Saint-Germain-des-Prés.

Gare Montparnasse, terminus du TGV Atlantique.

La tour Montparnasse, l'immeuble le plus haut d'Europe avec ses 200 m de hauteur, en acier et verre fumé, et des fondations enfoncées à 70 m sous terre.
Au 56e étage, le bar panoramique offre une vue fabuleuse sur la capitale.

Le Jardin Atlantique,(1994 François Brun et Michel Pena) une bouffée d'air pur pour le quartier: plus de trois hectares de jardins composés d'arbres, bambous et fleurs, perchés sur les voies ferrées et agrémentés de courts de tennis.

*The Montparnasse Tower is the tallest building in Europe, 200 meters (655 feet) of steel and dark glass, with foundations plunging 70 meters (230 feet) underground.*
*The panoramic café on the fifty-sixth floor opens on an unsurpassed view of the capital.*

*The Atlantic Garden (François Brun and Michel Pena 1994) is a breath of fresh air for the district: more than three hectares (seven and a half acres) of trees, bamboo and flowers above the railroad tracks, with tennis courts into the bargain.*

Quai Anatole France, la tour Montparnasse, l'église Sainte-Clothilde.

La fontaine des Hommes célèbres sur la place Saint-Sulpice.

*Fountain of Famous Men, Place Saint-Sulpice.*

L'église Saint-Sulpice. Attenant à l'église existait autrefois le Grand Séminaire de Saint-Sulpice. Parmi les sulpiciens, compagnie fondée en 1645, il convient de citer le plus célèbre des ecclésiastiques : Charles-Maurice Talleyrand-Périgord qui fut ministre des Affaires étrangères sous Napoléon et aussi lors de la Restauration.

*Saint Sulpice church was once adjoined by the Saint Sulpice Seminary. The best known Sulpician was Charles-Maurice Talleyrand-Périgord, Minister of Foreign Affairs under Napoleon and the Restoration.*

Passage du Commerce des Arts, le Procope,
l'un des plus anciens cafés de Paris, aujourd'hui restaurant.

*One of the oldest cafés in Paris, le Procope is now a restaurant in the Passage du Commerce des Arts.*

Musiciens sur la place de Fürstenberg.
Autrefois cour d'honneur de l'ancien palais abbatial de Saint-Germain-des-Prés, c'est désormais une petite place provinciale au cœur de Paris.

*Fürstenberg Square was once the honor court of the abbatial palace at Saint Germain des Prés; now it plays the role of a provincial square in the heart of Paris.*

Passage du Commerce Saint-André-des-Arts.

La cour de Rohan est composée de trois petites cours privées qui nous plongent dans le Paris du XVIe siècle.

*The Rohan court is made up of three small private courtyards that take us back to the Paris of the sixteenth century.*

Sur le quai Voltaire, l'immeuble le plus étroit de Paris.

*The narrowest building in Paris.*

La passerelle des Arts est réservée aux piétons.
Elle relie le Louvre au palais de l'Institut.
C'est le premier pont métallique bâti en France.
Léger et esthétique, il a été reconstruit entre 1982 et 1984.

*The passerelle des Arts, the first metal bridge to be constructed in France, leads from the Louvre to the Palais de l'Institut, for foot traffic only. Light and airy, it was rebuilt between 1982 and 1984.*

L'Assemblée nationale.

Dans le VIIe arrondissement, portes d'immeubles bourgeois, décorées en ferronnerie style Art Déco.

*Doors with Art Deco ironwork on affluent apartment buildings in the VIIth arrondissement.*

Le musée d'Orsay occupe l'ancienne gare des chemins de fer d'Orléans, construite en 1898 par Laloux. Les plus beaux éléments ont été préservés, notamment la verrière et l'horloge.

*The Museé d'Orsay is in what used to be the Orleans rail station, that Laloux built in 1898. The most striking elements have been kept, including the glass sky-light and the clock.*

Invalides - Tombeau de Napoleon



*The golden cupola of the Hôtel des Invalides towers above the whole neighborhood, including the broad esplanade. When it was built, in the latter part of the eighteenth century under Louis XV, it was intended to house soldiers invalided from the wars.*
*Successive restructurings have in large measure modified its initial role. Today, a large part is occupied by the Army Historical Museum, and under the cupola of the church in the dome, in the central crypt can be seen Napoleon's tomb.*

*Beyond the esplanade, the Alexander III bridge, the prettiest in Paris, leads to the Petit Palais and the Grand Palais. It was one of the first examples of a prefabricated bridge when it was constructed in 200 days for the 1900 Universal Exposition.*

*On the Alma bridge, the statue of a Zouave is the measure of the level of the Seine.*

*The Champ de Mars is bordered on one side by the Military Academy (Ecole Militaire), which dates to the time of Louis XV, and on the other by the Eiffel Tower. Before the Tower was built, for the Universal Exposition of 1889, the huge esplanade was used by the cadets for maneuvers. Since then, the Tower has become one of the symbols of the city, and one of its most frequently visited monuments.*

*Across the Seine towers the Palais de Chaillot, on a site Napoleon set aside for an immense Palace for his son and heir, the Roi de Rome. A number of buildings led up to its present form in 1937, with its two long wings and a central esplanade. It now houses the Museum of Man, the Seafaring Museum (Musée de la Marine), the Cinema Museum, the Museum of French Monuments, and the National Popular Theater.*

*Between Bir Hakeim and Grenelle Bridges, the Ile aux Cygnes (Swan Island) has refreshing strolls between two branches of the Seine. A scale model of the Statue of Liberty in New York harbor stands on the point of the island.*

*On the right bank is the Maison de la Radio (French radio headquarters); facing it on the left bank are the striking modern buildings of the XVth arrondissement's waterfront.*

*A vast shady park brings a touch of water and nature to the site of the former André Citroën plants. It is even possible to run through the fountains without getting wet as they switch on and off.*

# Des Invalides au Point du Jour

Pont Alexandre III

L'hôtel des Invalides domine, avec sa coupole dorée, tout le quartier et la grande esplanade. Construit sous le règne de Louis XV, à la fin du XVIIIe siècle, il était destiné à accueillir les soldats invalides des diverses guerres.
Des aménagements successifs l'ont en partie détourné de son rôle premier. De nos jours, une grande partie est réservée au musée historique de l'Armée, et sous la coupole de l'église du Dôme, dans la crypte centrale, on découvre le tombeau de Napoléon Ier.

Face à l'esplanade, le plus beau pont de Paris dessert le Petit et Grand Palais : c'est le pont Alexandre III terminé en 1900 pour l'Exposition universelle.
C'est une des premières réalisations d'un pont préfabriqué, construit en 200 jours et richement décoré.

Le pont de l'Alma est célèbre pour son Zouave qui sert à déterminer les hauteurs des crues de la Seine.

Le Champ de Mars est délimité d'un côté par l'École militaire construite sous Louis XV et de l'autre côté par la tour Eiffel.
Avant la construction de cette dernière pour l'Exposition Universelle de 1889, cette immense esplanade servait de terrain de manœuvres aux élèves de l'école. Depuis, la tour Eiffel est devenue un des symboles de Paris et un des monuments les plus visités de la capitale.

De l'autre côté de la Seine s'élève le palais de Chaillot. L'emplacement avait été réservé par Napoléon Ier pour édifier un immense palais du roi de Rome, son fils héritier.
Après plusieurs réalisations, en 1937 il prit la forme actuelle avec deux grandes ailes latérales et une esplanade centrale. Dans le palais de Chaillot on découvre le musée de l'Homme, de la Marine, du Cinéma, des Monuments français et le Théâtre National Populaire.

Entre le pont Bir-Hakeim et celui de Grenelle, l'île aux Cygnes offre une promenade rafraîchissante entre deux bras de la Seine. La statue de la Liberté, modèle réduit de celle qui domine la baie d'Hudson, est située à la pointe de l'île.

Sur le côté droit de la Seine, se trouve la Maison de la Radio ; en face, sur la rive gauche, on admire le Front de Seine du XVe arrondissement avec des immeubles modernes et imposants.

Un vaste parc ombragé, situé sur l'emplacement des anciennes usines André-Citroën, accueille le visiteur qui aime l'eau et la nature. Il est même possible de jouer avec des jets d'eau intermittents en passant à travers sans se faire mouiller.

Jardin des Invalides.

Créé sous Louis XIV, l'hôtel des Invalides était chargé d'accueillir les soldats blessés au service du roi.

Le dôme restauré à l'occasion du bicentenaire de la Révolution française, fut construit par J. Hardouin-Mansart de 1679 à 1706.

*The Hôtel des Invalides was created under Louis XIV to look after the soldiers wounded in the king's service.*

*The dome was designed by J Hardouin-Mansart and took from 1679 to 1706 to build. It was restored for the Bicentennial of the French Revolution.*

Thierry Mansart aux Invalides.

Le zouave du pont de l'Alma (G. Dieboll) date de 1855. À cette époque, il servait aux Parisiens comme mesure officielle de la montée des eaux de la Seine.

*G. Dieboll's Zouave on the Pont de l'Alma was built in 1855, and was at the time the official measure of the level of the Seine.*

Heurtoir de porte, rue de Varenne, quartier des ambassades, des ministères et des grands centres administratifs.

*Brass knocker, in the rue Varenne, surrounded by embassies, ministries and major administrative centers.*



Le splendide hôtel Biron, bâti en 1730, abrite le musée Rodin.

*The splendid Hôtel Biron, built in 1730, houses the Rodin Museum.*

Le pont Alexandre III et la station des Invalides, terminus d'Air France. Ce pont porte le nom de celui qui en posa la première pierre en octobre 1896, le tsar Alexandre III. Sa construction dura deux ans et il fut inauguré à l'occasion de l'Exposition universelle de 1900.

*The Alexander III bridge is named after the Russian emperor, who laid the first stone in October of 1896. It took two years to build, and it was officially inaugurated in 1900 for the Universal Exposition.*

Le Trocadéro vu depuis la Seine, au fond le palais de Chaillot.

*The Trocadero from the Seine, with Chaillot Palace in the background.*

Champ de Mars, sculpture de Bernard Venet.

Les jardins du Trocadéro transformés et restaurés après l'Exposition de 1937 s'étendent sur dix hectares.

*The Trocadero Gardens, which cover about ten hectares (nearly 25 acres), were renovated and restored after the Exposition in 1937.*

La Tour Eiffel depuis
la terrasse du
Palais de Chaillot.

Détail d'une des statues
allégoriques.

*The Eiffel Tower from the
terrace of the Chaillot Palace.
Close-up of one of the statues.*

Le pont de Bir-Hakeim, ancien viaduc de Passy.

Cour Albert Ier, porte de René Lalique.

Depuis le pont de Grenelle, les immeubles du Front de Seine
et la statue de la Liberté sur la pointe de l'Île aux Cygnes.

*The buildings on the Seine Waterfront from the Grenelle Bridge, and the model Statue of Liberty on the Swan's Isle.*

Le Front de Seine situé sur l'emplacement d'anciennes usines de produits chimiques abrite plus de cinquante mille personnes.
Cette vaste opération de rénovation du quartier fut lancée dans les années 60.
Le quartier comprend déjà quinze tours d'environ 100 m de haut.

*The Seine Waterfront renovation project was started in the sixties on the site of what had been chemical plants, and now houses more than 50,000 people. There are now fifteen 100 meter (330 foot) skyscrapers in the district.*

Immeuble Le Ponant.

Péniches ancrées sur les quais du XVe arrondissement.
*Barges anchored along the banks in the XVth arrondissement.*

La statue de la Liberté face aux immeubles du Front de Seine.
*The Statue of Liberty faces the buildings on the Seine Waterfront.*

Le parc André Citroën sur l'emplacement
de l'ancienne usine automobile,
là où naquit la Traction, la 2 CV et la DS.

*The André Citroën Park honors the site
of the auto plant where the front-wheel drive "Traction",
the 2CV and the DS first saw the light of day.*

Rue d'Alleray.
Notre-Dame de l'Arche de l'Alliance,
œuvre de l'architecte M. Robain (1997),
est la première église construite à Paris
depuis Saint-Eloi en 1968.

*M.Robain's Notre Dame de l'Arche de l'Alliance, built in the rue d'Alleray in 1997, was the first church built in Paris since Saint-Eloi in 1968.*

Arche de la Défense.

*The straight route that the architect Le Nôtre drew during the reign of Louis XIII from the royal dwelling at the Louvre to the chateau at Saint Germain is the historical axis and major perspective, through the Place de la Concorde, the Champs Elysées, the Arc of Triumph, the Maillot gate, across the Seine at the Neuilly bridge and up the hill to the modern Arch at la Défense.*
*La Défense is today's major business district. All the best-known companies are headquartered in skyscrapers named after them.*
*Less than fifty years ago, the little hill was nothing but a huge vacant lot. What changes!*

*Looking back, the Arch of Triumph stands out on the horizon. Napoleon wanted an Arch to the glory of the Armies of the Republic and the Empire, their battles and victories. The first stone was laid on August 15, 1806, Napoleon's birthday. The work was finally completed, after a number of interruptions, in 1836. The monument is decorated with sculptures and frescoes. Was it premonition or is it superstition? At the beginning of May, and particularly on May 5, the date of Napoleon's death, the setting sun lines up exactly with the center of the Arch!*
*On January 28, 1921, the body of the Unknown Soldier was buried there.*

*Going on down the Champs Elysées, "the most beautiful avenue in the world", all the splendor of the city spreads out before the sight-seer.*
*Hotels, cinemas, cabarets including the world-renowned Lido, cafés including the famous Fouquet's, attractive show-windows all beguile the passerby.*
*At the Champs Elysées roundabout, the avenue becomes wider, to be lined with several rows of trees, among which pavilions house theaters and restaurants.*
*The gardens of the Elysée Palace, the official residence of the President of the French Republic, are located in this part of the avenue.*
*Broad avenues lead into the Champs Elysées from either side.*
*The Grand Palais and Petit Palais, built for the exposition in 1900, are on the Avenue Winston Churchill. The Grand Palais was set aside for all sorts of trade fairs and shows: auto and horse shows, houseware and appliance shows, and more recently book fairs.*
*Painting exhibitions are held in the side galleries.*
*In the more harmoniously designed Petit Palais, prestigious international exhibitions are held.*

*From here, the Place de la Concorde can be made out. Marly's horses greet the sight-seer. Two fountains, inaugurated in 1840, honor, on the Rue Royale side of the square, river navigation, and on the Place de la Concorde side, ocean-going seafaring. Before they were built, the Obelisk, presented to France by Mohammed Ali, the Pasha of Egypt, was erected in 1836.*

# De la Défense à la Concorde

Roue de la Place de la Concorde.

Le chemin direct dessiné par Le Nôtre entre le Louvre, résidence royale, et le château de Saint-Germain, autre résidence royale, constitue l'axe historique ou la perspective majeure. Il passe par la Concorde, les Champs Élysées, l'Arc de Triomphe, la porte Maillot, traverse la Seine au pont de Neuilly et gravit la pente de la Défense jusqu'à l'Arche moderne.

La Défense est aujourd'hui le grand quartier des affaires. Les sociétés les plus en vue ont leur siège dans les tours qui portent leurs noms.
Il y a moins de cinquante ans, cette petite colline était encore un vaste terrain vague. Que de changements !

Depuis là-haut, l'Arc de Triomphe se profile à l'horizon. Napoléon voulait un Arc à la gloire des armées de la République et de l'Empire, de toutes leurs batailles et leurs victoires. C'est le 15 août 1806, date anniversaire de la naissance de Napoléon, que la première pierre est posée. Après quelques interruptions, l'ouvrage sera terminé en 1836. Nombreuses sculptures et fresques ornent l'ensemble du monument.
Une curiosité : prémonition ou superstition, le soleil se couche au début du mois de mai et particulièrement le 5 mai, date anniversaire de la mort de Napoléon, dans l'axe de l'Arc !
Le 28 janvier 1921, le corps du Soldat inconnu y a été inhumé.

En descendant les Champs Élysées, la plus belle avenue du monde, c'est toute la splendeur de la ville qui s'étale devant le promeneur.
Hôtels, cinémas, cabarets, le Lido en particulier, cafés dont le plus célèbre est le Fouquet's, vitrines alléchantes s'offrent au passant.

Au rond point des Champs Élysées, l'avenue s'élargit ; elle est désormais bordée de plusieurs rangées d'arbres au milieu desquels des pavillons accueillent des théâtres et des restaurants.
Les jardins du Palais de l'Élysée, résidence du Président de la République, sont situés dans cette partie de l'avenue.
De part et d'autre des Champs Élysées, de larges boulevards se greffent sur cet axe principal.

Sur l'avenue Winston Churchill se dressent le Grand Palais et le Petit Palais, tous deux construits lors de l'exposition de 1900. Le premier était réservé à toute sorte de salons : automobile, aéronautique, hippique, des arts ménagers, et plus près de nous, du livre. Dans ces galeries latérales, des expositions de peinture ont lieu régulièrement.
Quant au second dans une conception plus harmonieuse, il reçoit des expositions internationales de prestige.

La place de la Concorde se profile à l'horizon. Les chevaux de Marly accueillent le promeneur. On peut admirer sur cette place deux fontaines, inaugurées en 1840, placées l'une, celle de la navigation fluviale, du côté de la rue Royale, l'autre, celle de la navigation maritime, face au pont de la Concorde.
Elles avaient été précédées par l'installation, en 1836, de l'Obélisque offert à la France par le pacha d'Egypte Méhémet Ali.

Le bois de Boulogne est l'un des deux poumons de Paris. Situé le long de la Seine, à l'ouest de la ville, il est très boisé et surtout réputé par son hippodrome de Longchamp.

*The Bois de Boulogne is one of Paris' two lungs. Lying along the Seine to the west of the city, it is densely wooded and well-known for the Longchamp horse-race track.*

La promenade en canot du Grand Lac demeure un des loisirs les plus prisés des Parisiens.

*Going rowing on the Lake is still one of Paris's favorite leisure-time activities.*

Entre la Défense et Paris, on traverse, suivant l'axe historique, le pont et Neuilly, charmante cité de la banlieue parisienne.

*The historical axis from la Défense into Paris leads over the bridge and through the charming suburb of Neuilly.*

Triomphe de la verticale, la Grande Arche se dresse à l'extrémité de l'esplanade de la Défense et symbolise la dernière touche apportée à l'aménagement de cette banlieue devenue le XXIe arrondissement de la capitale. Siège de très nombreuses entreprises, plus de 150 000 personnes viennent y travailler chaque jour.

*Verticality triumphant, the Great Arch stands at the end of the esplanade de la Défense, the final touch to a suburb that was annexed to become the XXIst arrondissement. More than 150,000 people come to work every day in the innumerable company headquarters located here.*

AURORE

L'escalier d'accès du métro Porte Dauphine (architecte Guimard)
date de la Belle Epoque donne sur l'avenue Foch.

*The steps down from the Avenue Foch to the Porte Dauphine metro station (also by Guimard), date from the Belle Epoque.*

Le jardin des Poètes, créé en 1954, à la porte d'Auteuil.
Ici, le buste de Victor Hugo par Rodin.

*The Poets' Garden, created in 1954 near the Auteuil Gate.*
*Rodin's Victor Hugo.*

Rue La Fontaine, le Castel Béranger de Guimard est constitué de trois immeubles à loyer modéré, autour d'une cour, à la décoration luxuriante et aux lignes exubérantes.
Récompensé au premier concours des façades de la Ville de Paris, il apporta à Hector Guimard la célébrité.

*Hector Guimard became famous when his Castel Beranger, three dashingly designed apartment buildings around an opulently decorated central court, was a prize-winner in the first Façades competition.*

METROPOLITAIN

Du haut de ses 50 m, l'Arc de Triomphe offre un panorama unique sur Paris.
L'avenue des Champs-Élysées, longue de près 2 km, est liée
à tous les grands évènements de la ville mais aussi de la France.
Elle n'était avant que broussailles et marais, puis simple allée d'ormes tracée par Le Nôtre en 1670.
Elle prendra son aspect définitif en 1900 pour devenir la plus belle avenue du monde.

*The panorama of Paris from the top of the 50-meter (160-foot) high Arc de Triomphe.*
*The two kilometers (one and a quarter miles) of the Champs Elysees are associated with all the great events*
*in the city and even of the whole of France. From brushy marshland to Le Nôtre's simple elm-lined*
*avenue in 1670, it became in 1900 what it is today, "the most beautiful boulevard in the world".*

Statue équestre du Grand Palais :
" l'Immortalité devançant le Temps ".

La verrière du Grand Palais.

Le parc Monceau, aménagé par Carmontelle, est un havre de paix et de verdure, peuplé de folies architecturales d'inspirations anglaise et allemande de l'époque.
En 1797, Garnerin, premier parachutiste de l'histoire, se laisse tomber dans le parc depuis une montgolfière à 300 m d'altitude.

*Monceau Park, laid out by Carmontelle, is a haven of peace and greenery, peopled with architectural follies inspired by the German and English fashions of the period. In 1797, Garnerin performed the first parachute jump in history from a hot-air balloon 300 meters (1000 feet) in the air.*

la place de la Concorde,
décidée par Louis XV dont elle a d'abord porté le nom,
prit le nom de place de la Révolution en 1792.
C'est sur cette esplanade que furent guillotinés Louis XVI,
Marie-Antoinette et bien d'autres condamnés,
pour la plupart innocents.
La monarchie de Juillet donna à la place son nom actuel.

*The Place de la Concorde was built on the orders of Louis XV,
and was at first named after him, to be called
the Place de la Révolution in 1792.
Louis XVI, Marie-Antoinette and any number of others,
many of them innocent, were guillotined here.
The July monarchy gave the square its present name.*

Place de la Concorde.
Une colonne rostrale devant les grilles des Tuileries.

*Rostral columns with the gates to the Tuileries in the background.*

La fontaine de la Navigation fluviale.

L'Opéra Garnier.



*The Place de l'Opéra was designed in the third quarter of the nineteenth century, when Prefect Georges Eugene Haussman was directing his massive program of public works. The Grand Hotel de la Paix was completed in 1822. The hotel and café are decorated in neoclassical style. The six hundred rooms and suites, as well as the huge ballroom, are luxuriously appointed.*
*The Opera, designed by Charles Garnier, was begun in 1860 and inaugurated on January 5, 1875. Its façade, grand staircase, salons and concert and opera hall, all richly decorated and sculpted, make it the architectural masterpiece of the nineteenth century.*
*The Madeleine church was ordered by Louis XV, but underwent any number of difficulties before it was finally consecrated in 1842. The architecture brings together a Grecian temple, with its Corinthian columns, and a neoclassical church. On the square is Fauchon, the "temple" of French gastronomy.*
*The Place Vendôme is, square meter for square meter, the richest in Paris. Twenty-eight private mansions surround it, many housing the show-windows of the great jewellers and well-known banks, as well as the Ritz Hotel; the Vendôme Column towers in the center, ringed with the outstanding episodes of Napoleon's Austerlitz campaign.*
*The Palais Royal (Royal Palace), conceived by Cardinal Richelieu, was for two centuries the dwelling of various members of the royal household. The enlargement of its side galleries, and the establishment of a number cafés and shops made it the meeting place of choice for high society during much of the nineteenth century.*
*Today, the Comédie Française occupies one wing of the building, and the other houses the Ministry of Culture.*

*The Louvre is one of the largest museums in the history of the world.*
*The medieval castle was built under Philip II (often called Philip Augustus, king 1180-1223) and expanded upon by Charles V (often called the Wise, king 1364-1380), to become the royal residence under Francis I (king 1515-1547). When Louis XIV (the "Sun King", king 1643-1715) gave it up (1670s), it was left to a disorderly occupation by artists and various mavericks until the Empire. It was restored and enlarged in the nineteenth century to become the museum of today.*
*The Tuileries gardens, peopled with statues by Maillol and the Arc de Triomphe at the Carrousel in honor of the Battle of Austerlitz, are at the beginning of Le Nôtre's historical axis.*
*Beyond the Louvre, facing the colonnade, is the thirteenth century Saint-Germain-l'Auxerrois Church.*

# De l'Opéra au Louvre

Grille des Tuileries

L'ensemble de la place de l'Opéra a été conçu au moment des grands travaux réalisés par le préfet G.E. Haussmann. La construction du Grand Hôtel de la Paix est achevée en 1822. L'hôtel ainsi que le café de la Paix sont décorés dans le style néoclassique. Les six cents chambres et suites sont luxueusement aménagées ainsi que l'immense salle des fêtes.

L'Opéra est l'œuvre de Charles Garnier. Commencé au début des années 1860, il sera inauguré le 5 janvier 1875. Avec sa façade, son grand escalier, ses salons et sa salle de concerts et opéras, le tout très richement sculpté et décoré, font de cet édifice le chef-d'œuvre architectural du XIXe siècle.

La Madeleine commandée par Louis XV subira maints tracas avant d'être consacrée en 1842. Sa conception architecturale associe un temple grec, avec ses colonnes corinthiennes, à une église néoclassique. Sur la place, on peut citer les magasins Fauchon, « temple » de la gastronomie française.

La place Vendôme est au mètre carré la place la plus riche de Paris. Entourée par vingt-huit hôtels particuliers, avec souvent des devantures de magasins de grands joailliers et de banques de renom ainsi que par le Grand Hôtel Ritz, elle est dominée en son centre par la Colonne Vendôme. Tout autour de ce monument on peut voir les épisodes les plus marquants de la campagne napoléonienne d'Austerlitz.

Le palais Royal, voulu par le cardinal Richelieu, fut pendant deux siècles la demeure de divers membres de la maison royale.



Avec l'agrandissement de ses galeries latérales et l'installation de cafés et boutiques variés, il fut le lieu de rencontres mondaines pendant une bonne partie du XIXe siècle.
Le théâtre de la Comédie française occupe aujourd'hui une aile de ce palais, l'autre aile abritant le ministère de la Culture.

Le Louvre est aujourd'hui un des plus grands musées d'art et d'histoire du monde.
Le château médiéval construit sous Philippe Auguste et repris par Charles V deviendra résidence royale sous François Ier. Abandonné par Louis XIV, il subira une occupation désordonnée d'artistes et autres bohémiens jusqu'au premier Empire.
Restauré et agrandi pendant le XIXe siècle, il devient le musée actuel.
Les jardins des Tuileries avec les statues de Maillol et l'Arc de Triomphe du Carroussel célébrant la bataille d'Austerlitz ouvrent le tracé de l'axe historique de Le Nôtre.

De l'autre côté du Louvre, face à la Colonnade, se trouve l'église de Saint-Germain-l'Auxerrois, construite au XIIIe siècle.

Avec sa façade de temple antique, l'église de la Madeleine reste la moins religieuse des églises parisiennes, elle n'a d'ailleurs jamais porté de croix.

*The Madeleine church, with its Grecian temple façade, is the least religious of Parisian churches, and has never even had a cross.*

Boulevard Haussmann.
Heurtoir de porte Louis XV.

La grande coupole du Printemps.
(R.Binet 1911)

Dans tous les domaines, de nombreuses célébrités ont attaché leur nom à l'Opéra : l'écrivain Gaston Leroux avec son célèbre roman " Le fantôme de l'Opéra ", le peintre Chagall qui a décoré le plafond, les artistes Maria Callas, Serge Lifar, Patrick Dupont et tant d'autres qui se sont produits sur scène.

*Any number of famous names are linked to the Opera: the writer Gaston Leroux, author of The Phantom of the Opera, the painter Marc Chagall, who did the ceiling, singers such as Maria Callas, Serge Lifar, Patrick Dumont, and innumerable others who have performed there.*

Soixante-treize sculpteurs ont collaboré au décor de l'Opéra. Les noms les plus prestigieux sont à l'origine de ces statues : Carpeaux Dubois, Falguière, Guillaume, Jouffroy et bien d'autres.

*Seventy-three sculptors worked on the statues that decorate the Opera, including Carpeaux Dubois, Falguière, Guillaume, Jouffroy among many others.*

Dessinée par Jules Hardouin-Mansart, la place Vendôme réunit, dans les hôtels particuliers qui la bordent, des palaces comme le Ritz et les plus grands noms de la joaillerie et du commerce de luxe.

*The Place Vendôme, designed by Jules Hardouin-Mansart, brings together the finest hotels, such as the Ritz, and the best-known names in jewelry and the luxury trade, among the private mansions around it.*

Place et colonne Vendôme.
*The Place Vendôme and its column.*

Merveilleuse enclave dans la ville, le jardin intérieur du Palais Royal est bordé de galeries abritant des boutiques construites à l'initiative du régent Philippe d'Orléans.
Dans la cour d'honneur, les colonnes de Buren installées en 1986 ont fait l'objet d'une vive controverse.

*A delightful enclave in the city, the garden inside the Palais-Royal is surrounded by shops built on the instructions of the Regent, Philippe of Orleans. Buren's columns, erected in the honor court in 1986, were the object of a lively controversy.*

Les fontaines en acier, du sculpteur contemporain Pol Bury.
*Contemporary sculptor Pol Bury's steel fountains.*

Dans les jardins du Carrousel,
les statues de Maillol exposent leur nudité.

*Maillol's statues bare their graces
in the Carrousel Garden.*

Jardin des Tuileries.

(à droite et double page suivante)

Statue équestre de Louis XIV
d'après Gian Lorenzo Bernini.

Au Carrousel du Louvre, jeux d'eau et de lumière.

Ferrure d'un balcon du Louvre.

La pyramide de verre construite en 1988
par Ieoh Ming Pei marque l'entrée du musée.

*Io Ming Pei's glass pyramid (1988) stands at the museum entrance.*

Cafés du quartier du Louvre.

*Cafés in the Louvre district.*

Saint-Germain-l'Auxerrois.
Église du Louvre et ancienne paroisse des rois de France, c'est de son clocher que, dans la nuit du 25 août 1572, partit le signal de la Saint-Barthélemy.
Vitrail dans l'église de Saint-Germain-l'Auxerrois.

*The bell-tower of Saint-Germain l'Auxerrois gave the signal for the Saint Bartholomew massacre on the night of August 25, 1572.*

Métro Abesses. (H. Guimard).

*Montmartre is one of the hills overlooking Paris.*
*From being a pagan holy place, it became the Martyr's mount after three Christians, including Saint Dennis, were decapitated on its slopes. The "upper" and "lower" Abbesses' convents occupied a large part of the space until the Revolution.*
*The Sacred Heart (Sacré Coeur) Basilica at the top was inaugurated in 1878. Montmartre is even better known for the artists that have marked it, as well as the famous cabarets: the Lapin Agile, the Bâteau Lavoir, which, like other meeting places such as the Patachou or Chez Plumeau restaurants, all of which meet up to make Montmartre life.*
*Every Frenchman, indeed, has, one day or another, daydreamed about the place du Tertre or the site of the moulin de la Galette?*
*Pigalle is a the bottom of the hill. It is noted for its pleasures of the evening, including its cabarets and music-halls, the best-known of which is the Moulin Rouge, where the French can-can was invented.*

*The Gare du Nord (Northern Railroad Station) was built during the Second Empire as part of Haussman's program of public works. The façade is lavishly decorated with statues that represent the towns served by the now-defunct Northern Rail Company.*

*Saint Dennis's as well as Saint Martin's Gates are in fact arches of triumph put up during Louis XIV's reign to welcome the victorious armies back from battles in northern and eastern France.*

*Olympia Hall is the temple of French song. Being produced at the Olympia is the summit of a career, with an audience in communion with the most famous performers.*

*A number of private passageways can be found in the center of Paris. Most of these shopping galleries are very popular in rainy weather. The passage Verdot, in the 9th arrondissement, is well-known for its monumental entrance.*

# De Montmartre aux Grands Boulevards

C'est une des collines qui domine la ville de Paris.
Haut lieu de cultes païens, il devient le mont des Martyrs, suite à la décapitation de trois chrétiens parmi lesquels saint Denis, sur les flancs de la butte.
Les couvents des Abbesses, « d'en haut » et « d'en bas », occupent une grande partie des lieux jusqu'à la Révolution.
La basilique du Sacré-Cœur, placée au sommet du mont est inaugurée en 1878.
Montmartre est aussi et surtout connu dans le monde à cause des nombreux artistes qui y ont laissé la trace de leur passage. Plusieurs cabarets sont devenus célèbres : le Lapin Agile, le Chat Noir, le Bâteau Lavoir et autres lieux de rencontre, tels les restaurants Patachou ou Chez Plumeau qui retracent toute la vie montmartroise.
Qui n'a jamais rêvassé en se trouvant sur la petite place du Tertre ou sur l'emplacement du moulin de la Galette ?

Pigalle se trouve au pied de la colline. C'est le lieu de réjouissances nocturnes avec ses cabarets et ses music-halls dont le plus célèbre est le Moulin Rouge où fut créé le french cancan.



La gare du Nord a été construite sous le second Empire lors des grands travaux d'Haussmann. La façade est abondamment décorée par des statues représentant les diverses villes desservies par la Compagnie des chemins de fer du Nord.

La porte Saint-Denis ainsi que la porte Saint-Martin sont en réalité des arcs de Triomphe. Ils ont été dressés à l'époque de Louis XIV pour recevoir les armées victorieuses des nombreuses batailles dans le Nord et l'Est du territoire.

L'Olympia est le temple de la chanson française.
Passer à l'Olympia, c'est la consécration suprême qui s'opère dans cette petite salle devant un public qui communie avec les artistes les plus célèbres.

Plusieurs passages, voies privées, existent au centre de Paris. Ce sont, la plupart, des galeries marchandes très fréquentées par temps de pluie. Le passage Verdot, dans le IXe arrondissement, est célèbre pour son entrée monumentale.

Place du Tertre.

La colline de Montmartre
et le Sacré-Cœur.

Porte en bronze de l'église romane Saint-Pierre-de-Montmartre,
le plus ancien sanctuaire de Paris.

*The bronze door to the oldest church in Paris: Saint-Pierre-de-Montmartre.*

La basilique du Sacré-Cœur est devenue
un des points de repère incontournable du paysage parisien.
237 marches permettent d'accéder au sommet du dôme
Sa construction, sur un terrain miné de carrières,
nécessita d'énormes travaux de maçonnerie souterrains.
Le campanile renferme la Savoyarde, une des plus grosses cloches connues,
(elle pèse dix-neuf tonnes) fondue à Annecy en 1895 par les frères Paccard.

*Sacré Cœur is one of the unmistakable landmarks in the Parisian
landscape. 237 steps lead up to the Dome.
It was built on land undermined by quarries,
and required enormous underground masonry works.
The bell-tower houses the Savoyarde, at 19 tons one of the biggest bells in existence,
cast in Annecy in 1895 by the Paccard brothers.*

Place du Tertre,
la fête des vendanges
du vignoble de
Montmartre.

*The Montmartre
grape-harvest festival
on the Place du Tertre.*

Les escaliers qui escaladent la Butte rappellent qu'avant d'être un quartier de Paris, Montmartre avait été une commune autonome.

*The steps leading up the hill are a reminder that before it became part of Paris, Montmartre was an independent town.*

Au pied des vignes, rue des Saules, le cabaret du Lapin Agile.
Ce nom vient de l'enseigne peinte par l'humoriste André Gill, qui représentait un lapin s'échappant d'une casserole. Le lapin à Gill est donc devenu le Lapin Agile. Celui-ci, acheté par Aristide Bruant en 1902, a été pendant très longtemps le rendez-vous des écrivains et des artistes.

*At the foot of the vineyards, the name of the Cabaret du Lapin Agile comes from the sign, showing a rabbit escaping from the pan, by André Gilles. Gilles's Lapin thus became the Lapin Agile. Aristide Bruant bought the place in 1902, and it became a longtime meeting place for writers and artists.*

Enseigne chez Patachou.

*The sign at Patachou's.*

Place Marcel Aymé, statue de Jean Marais représentant le passe-muraille.

*The statue coming through the wall onto the Place Marcel Aymé is an allusion to Aymé's Passe-Muraille.*

AU
LAPIN AGILE
CABARET
RUE DES SAULES
AU
CABARET
(Sauf lundi)

Lors de la suppression des fortifications qui entouraient Paris, Louis XIV décida de bâtir deux portes pour marquer l'entrée de la cité, la porte Saint-Martin (1674) et la porte Saint-Denis (1762).

*When the fortifications around the city were done away with, Louis XIV decided to erect to gates to mark the entrance to the city: Saint Martin's Gate (1674) and Saint Denis's Gate (1762).*

Gare du Nord, sur la façade centrale,
des statues représentent les grandes villes du Nord.

*On the main façade of the Gare du Nord,*
*statues represent the main towns of northern France.*

En marge de l'agitation des Grands Boulevards, les galeries et passages couverts invitent à des balades insolites au milieu de salons de thé et de boutiques anciennes.
la galerie Vivienne.

*Around the edges of the hustle and bustle of the Grands Boulevards, covered passages and galleries offer an invitation to an offbeat stroll past tea rooms and old shops.*

Le passage du Grand-Cerf avec son décor du XIXe siècle.

*Le passage du Grand-Cerf with its nineteenth century decor.*

Le passage Véro-Dodat.

*The Parc de la Villette, between Villette and Pantin Gates, is a place for calm reflection. The former slaughterhouses at la Villette now house the Cité des Sciences et de l'Industrie, a survey of all the technologies of the modern world in brightly lit halls.*
*Schoolchildren and college students can find out about state-of-the-art discoveries with simple and practical exhibits.*
*There is even a submarine outside. The 360° cinema in the Geodesic Dome offers excitement to the curious.*

*On the Pantin Gate side, the Great Hall houses permanent exhibits and the Zenith Auditorium puts on modern singers and groups. The National Higher Conservatory of Music has been readying the great musicians of the future nearby for the last few years. The Lion Fountain brings cool and calm to visitors in the center of the complex.*

*The Chaumont Buttes can be seen on another hill, in a huge park carved out of former quarries like an oasis.*

*The Père Lachaise cemetery was inaugurated in 1804 on the slopes of the Mont-Louis. Till 1824 it was Paris's only cemetery, and it is still its largest. Since 1874, no "eternal" leases have been granted.*
*Important people from every age have been buried there as other burial plots have disappeared. Still today, famous men and women are buried there along its shady alleys.*

*Starting from the Villette reservoir, where the waters of the Ourq are dammed below the Rotonde, once a grant to the Farmers General, the Saint Martin canal, made famous by Marcel Carné's film "Hôtel du Nord", now provides pleasant sight-seeing through what was once a working class part of Paris, eight locks and a tunnel 1.8 km long to Paris's port at the Arsenal reservoir, where it empties into the Seine.*

*Several major boulevards start from the nearby Place de la République, where a statue of the Republic stands on a sturdy pedestal whose sculptures represent allegories of the major events of the Republic.*

# Le canal Saint-Martin

Placé entre les portes de la Villette et de Pantin, le parc de la Villette est un lieu de détente et d'études.
Les anciens abattoirs de la Villette ont permis l'installation de la Cité des Sciences et de l'Industrie. Toutes les techniques du monde moderne sont recensées dans des salles abondamment éclairées. Écoliers et étudiants peuvent s'initier aux découvertes actuelles grâce à des présentations simples et pratiques. Un sous-marin est même exposé au pied de la Cité.
La Géode, quant à elle, suscite les frissons d'un public curieux.

Du côté de la porte de Pantin, la Grande Halle accueille des expositions permanentes, et la salle de spectacle du Zénith, des groupes et chanteurs modernes.
Depuis peu d'années le Conservatoire national supérieur de musique prépare, dans des salles et auditorium bien conçus, les futurs grands musiciens.
Au centre de ce grand complexe, la fontaine aux Lions apporte la fraîcheur et la détente aux visiteurs.

Sur une autre colline parisienne, les Buttes Chaumont apparaissent, dans un vaste parc aménagé sur des anciennes carrières, comme une oasis.



Le cimetière du Père Lachaise a été inauguré en 1804 sur les flancs du mont Louis. Il est le plus grand de Paris et jusqu'en 1824 le seul cimetière parisien.
A partir de 1874, seules les concessions perpétuelles sont consenties. Des grands personnages y ont été ensevelis au fur et à mesure de la disparition des autres lieux d'inhumation. De nos jours, on assiste encore aux enterrements d'hommes et femmes célèbres dans ses allées particulièrement ombragées.

Depuis le bassin de la Villette, où les eaux de l'Ourq sont retenues au pied de la Rotonde, ancien octroi des Fermiers généraux, le canal Saint-Martin traverse une partie de Paris.
Promenade parisienne, aujourd'hui bien agréable, le canal traversait autrefois un quartier populaire.
Il reste célèbre depuis le film de Marcel Carné «Hôtel du Nord» Après ses huit écluses et un long tunnel de 1 800 m, le canal débouche dans le bassin de l'Arsenal, le port parisien, pour ensuite terminer son parcours dans la Seine.

Non loin du canal se trouve la place de la République, lieu de départ de plusieurs grands boulevards. Au centre de la place se dresse la statue de la République. Elle repose sur un robuste piédestal orné de hauts-reliefs sculptés retraçant en allégories les grands évènements de la République.

S636

Le parc de la Villette comprend des jardins botaniques et des structures de tôle d'acier émaillé rouge. Depuis l'une d'elles, le canal de l'Ourcq et les moulins de Pantin.

*The Ourcq Canal and the Mills at Pantin from one of the red enamel structures in the Parc de la Villette.*

La Cité des Sciences et de l'Industrie est un espace actif créé de toutes pièces dans les années 80 (architecte A. Fainsilber).

(double page suivante)

Plusieurs lieux de découverte et d'exposition permettent de comprendre activement la grande aventure technologique de notre univers. Énorme sphère en acier posée sur l'eau, la Géode est une salle de cinéma à vision panoramique qui projette des films scientifiques sur un écran de plus de 1000 mètres carrés.

*The City of Science and Industry is an energetic place, created from scratch in the 1980s by architect A Fainsilber.*

*Various spaces for discovery and exhibits provide opportunities to understand the great technological adventure of the age. A huge steel sphere standing on the water, the Geode is a panoramic cinema, where scientific films are projected on a 1000 square meter (10,700 sq ft) screen.*

Longtemps quartier de mauvaise réputation, le XIXe arrondissement renferme des endroits surprenants comme ces coquettes villas individuelles dans le quartier des Buttes-Chaumont, la campagne en plein Paris !

*Long an ill-reputed neighborhood, the XIXth arrondissement includes surprises, such as these snug dwellings in the Buttes Chaumont district: the countryside right in Paris!*

Le rocher des Buttes-Chaumont
et le belvédère.

Né dans un site particulièrement ingrat,
aménagé par Alphand en 1866-1867
(grand ordonnateur des promenades parisiennes
sous le second Empire),
le parc des Buttes-Chaumont s'étend sur
23 hectares, entre Belleville et Ménilmontant.
(double page suivante)

*Created on an unusually thankless site,*
*Buttes-Chaumont Park spreads*
*over 23 hectares (57 acres).*

Traversant la rive droite du nord au sud, depuis le bassin de la Villette jusqu'à la Seine, le canal Saint-Martin est un des lieux les plus inattendus de la capitale.
Passerelles, écluses, chemins de halage pavés, berges moussues donnent une atmosphère attachante à cet endroit qui constitue un objet de promenade dépaysant pour les touristes et les Parisiens.

*Cutting across the right bank from north to south, from the Villette basin to the Seine, Saint Martin's canal is one of the most unusual places in the city.*
*The footbridges, locks, paved tow-paths, and mossy banks along the Saint Martin canal invite tourists and Parisians alike for a pleasant outing.*

Les grands cimetières parisiens ne sont pas, curieusement, des endroits sinistres. Parfois champêtres, ils recèlent surtout quantité d'œuvres d'art.
Le Père-Lachaise est à la fois un cimetière, un musée par les tombes de personnages illustres, et un parc où se dressent d'extravagants monuments funéraires.

*Like other Parisian graveyards, Père Lachaise is not a melancholy place, but all at the same time a cemetery,*
*a museum of the tombs of the famous, and a park peopled with extravagant funeral monuments.*

La place de la République où se dresse, triomphante, la statue en bronze (œuvre des frères Morice, bas-reliefs de Dalou) qui lui donna son nom en 1883.

*The Place de la République, where the bronze statue by the Morice brothers, with bas-reliefs by Dalou, has stood triumphantly since it gave the square its name in 1883.*

La colonne de la Bastille ou colonne de Juillet, haute de près de 50 mètres, elle rend hommage aux victimes des révolutions de 1830 et 1848 dont les caveaux sont situés dans les soubassements.

*The Bastille or July column, nearly 50 meters (160 feet) high, commemorates the victims of the revolutions of 1830 and 1848, whose sepulchers are below.*

*The present place de la Bastille takes its name from the ancient fortified citadel that once stood there.*
*Around the middle of the fourteenth century, Saint Anthony's Gate was transformed into a fortified castle that was to dominate the Marais district for four centuries.*
*Under Louis XIII (king 1610-1643), the Bastille was made over into a luxurious prison, where well-known aristocratic and bourgeois personalities were locked up for short stays.*
*After the fortress was demolished in the wake of the 14th of July 1789, several ideas were put forward as to how to use the space. In 1840, Louis Philippe finally inaugurated the column on top of which would be placed a golden statue to the Genius of Liberty.*
*The Bastille railroad station was replaced in 1989 by the new Opera commissioned by President François Mitterrand. Its modern design includes a large, comfortable hall with a very large stage.*

*The Gare de Lyon (Lyon Railroad Station), built by the now-defunct PLM (Paris-Lyon-Marseille Rail Company) is the busiest place in Paris at rush hour. It is at the end of the rue de Lyon, and the big clocks on the tower can be seen from a distance.*

*On the rue de Bercy and the quai de la Rapée, are two gates from the Farmers' General wall. The Ministry of Finance was built there, as if it were fated, in 1989.*

*The Bercy Omnisports Arena was built across the way in 1981, in part of the old wine and spirits warehouses.*

*The other warehouses have vanished, giving way to dwellings and to the new Paris-Est business district, where several major companies have their headquarters.*
*On the other side of the river stand the four towers of the new Bibliothèque Nationale (National Library).*

# De la Bastille à Bercy

L'actuelle place de la Bastille était autrefois occupée, en partie, par une citadelle fortifiée : la Bastille.
C'est vers le milieu du XIVe siècle que la porte Saint-Antoine est transformée en château fort, lequel pendant quatre siècles, dominera le quartier du Marais.
Sous Louis XIII, transformée en prison, elle accueille des personnages célèbres de l'aristocratie et de la bourgeoisie parisienne qui séjournaient dans cette luxueuse forteresse-prison pendant des courtes périodes.
La forteresse démolie après le 14 juillet 1789 donnera lieu à plusieurs projets d'occupation de la place vide.
C'est Louis Philippe qui, en 1840, inaugurera la colonne actuelle sur laquelle sera érigée une statue dorée représentant le Génie de la Liberté.
La gare du chemin de fer de la Bastille sera remplacée en 1989 par l'Opéra actuel voulu par François Mitterrand.
De conception moderne possède une salle spacieuse et confortable et une très grande scène.

La gare de Lyon du P.L.M. est aux périodes de pointe, l'endroit le plus fréquenté de Paris. Elle se trouve dans l'axe de la rue de Lyon et de loin, on aperçoit sa tour avec les grandes horloges.
Sur la rue de Bercy et sur le quai de la Rapée, on voit encore deux barrières de l'ancienne enceinte des Fermiers généraux.



Entre ces deux barrières, on a édifié en 1989 le ministère des Finances. Le lieu était prédestiné.
En face, dans une partie des anciens entrepôts de vins et liqueurs de Bercy, on a construit en 1981 le palais Omnisports de Bercy.
Le reste des entrepôts a disparu, remplacé par des habitations et, plus loin, par la nouvelle cité d'affaires de Paris-Est avec le siège de plusieurs grandes sociétés.

De l'autre côté du fleuve se dressent désormais les quatre tours de la nouvelle Bibliothèque Nationale.
L'emplacement de la place de la Nation a été plusieurs fois l'objet de projet plus grandiose les uns que les autres.
L'ancienne place du trône depuis l'entrée triomphale de Louis XIV et Marie-Thérèse d'Autriche en 1660 a excité l'imagination des régnants. C'est la troisième République qui occupera les lieux. La statue au milieu de la place représente la République sur un char tracté par des lions.
La foire au pain d'épices, autrement connue comme foire du trône, se tenait jusqu'en 1964 autour de la place.
Depuis elle a été transférée à l'entrée du bois de Vincennes à la porte de Reuilly.

La tour et l'horloge de la gare de Lyon.

OTH
omnium technique OTH
DE PARIS ARSENAL

Le bassin de l'Arsenal est en fait l'extrémité du canal Saint-Martin, qui passe en souterrain sous la place de la Bastille.
Aménagé en port de plaisance qui abrite plus de 200 embarcations, il offre un cadre de promenade maritime.
(ci-contre et double page précédente)

*The Arsenal Reservoir is actually the end of the Saint Martin canal, which goes under the Place de la Bastille. More than 200 launches of the well-to-do are docked in the yacht harbor, ready to put out for a cruise.*

Place de la Bastille, la colonne de Juillet avec, à son sommet, le Génie de la Liberté (bronze doré de Dumont).

*The July column on the Place de la Bastille, topped by Dumont's gilded bronze Genius of Liberty.*

L'Opéra Bastille (architecte Carlos Ott), inauguré le 14 juillet 1989 dans le cadre du bicentenaire de la Révolution française, se dresse à l'endroit où est née la République. Sa façade tout en transparence a été conçue pour établir un dialogue entre l'extérieur et l'intérieur. La grande salle de spectacle offre une capacité de 2700 places.

*Carlos Ott's Operahouse at the Bastille was inaugurated on July 14, 1989 during the celebrations of the bicentennial of the French revolution on the spot where the Republic first saw the light.The transparency of the façade is intended to create a dialog between outside and in. The main hall can seat 2700.*

Jeu de glace sur la tour de la gare de Lyon.



Le dernier-né des ponts parisiens,
le pont Charles-de-Gaulle (1996).

*Paris's most recent bridge:
Charles de Gaulle Bridge, built in 1996.*

selec

Sur l'ancienne voie du chemin de fer de Vincennes,
on a réalisé la coulée verte.
Entre buissons, parterres fleuris et fontaines,
ce joli chemin traverse le XIIe arrondissement
parisien en longeant l'avenue Daumesnil.

*The "green stream" took the place of the disaffected Vincennes rail line, crossing the XIIth arrondissement along the avenue Daumesnil between shrubs, flowerbeds and fountains.*

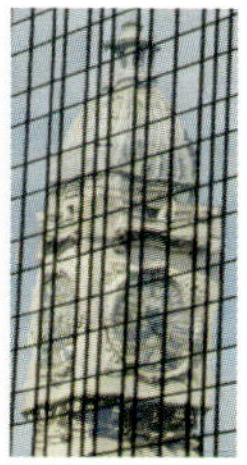

Façade d'un immeuble,
avenue Daumesnil.

Place de la Nation : derrière la statue de la IIIe République, encadrant l'avenue du Trône, les deux colonnes doriques (hautes de 30 m), deux pavillons carrés et deux guichets, marquent l'emplacement de l'ancienne barrière du Trône.

*Behind the statue of the Third Republic on the Place de la Nation, framing the avenue du Trône, two 30-meter (100-foot) Doric columns, two square pavilions and two tollbooths mark the site of the old Throne tollgate.*

Construit en fer et en fonte d'une seule portée de 140 m entre les deux rivages, le viaduc d'Austerlitz sert de passage à une ligne de métro.

*The iron and cast iron Austerlitz viaduct's single 140-meter (460-foot) span lets a metro line go by.*

Le ministère des Finances de Bercy, inauguré en 1989. Ses piliers de soutènement gigantesques plongent dans la Seine et abritent un port privé.

*The huge pillars of the Finance Ministry enclose a private anchorage.*

BRED

La Bibliothèque Nationale de France (architecte Dominique Perrault) se compose de quatre tours d'angle en verre représentant un livre ouvert. Les bâtiments servant de salles de lecture sont disposés autour d'un jardin intérieur d'un hectare.

*The National Library of France consists of four glass corner towers that represent open books. The buildings with their reading rooms are arranged around a one-hectare (two and a half acre) enclosed garden.*

Excelsior II
TEL 01 45 85 28 92

Le pont de Bercy.
Inauguré en 1832 par Louis-Philippe, plusieurs fois modifié, il a été surélevé en 1904 pour permettre le passage du métro, puis doublé afin de permettre l'allègement du trafic des rives droite et gauche.
(double page précédente)

*The Bercy Bridge was inaugurated by Louis-Philip in 1832, and has undergone a number of modifications, including being heightened in 1904 for the metro, and having a span added to relieve traffic congestion on the banks.*

La place Vendôme.

# Table des Chapitres



# Ouvrages Consultés


Jacques Hillairet : Dictionnaire historique des rues de Paris - Les Editions de Minuit Paris, 1957
Marc Gaillard : Quais et Ponts de Paris, guide historique - Martelle Editions, Amiens, 1996
Paris de place en place, guide historique - Martelle Editions, Paris, 1997
Jean Aubert : Bords de Seine, des sources à Paris - Presses de Village Paris 2000
Monique Dessons : 101 Rendez-vous à Paris - SPSA, Versailles, 2000
Robert Colonna d'Istria : Les couleurs de Paris - Les créations du Pélican, 2000
Hôtel de Ville, ouvrage collectif, Paris, 1985
Guides Bleus Paris - Hachette, Paris, 1999

Crédits photographiques :

**Jacques Bravo :** pages 3 – 6 – 7 – 9 – 13 – 14 – 15 – 18(2) – 20(2) – 22 – 23 – 29 – 32(2) – 38 – 39 – 40 – 54(g) – 58 – 67 – 71(g) – 72 – 73(g) – 74(hg) – 75(3) – 84(d) – 86(g) – 96 (b) – 98(b) – 101 – 103 – 104(h) – 105 – 106(b) – 109 – 111 – 112(d) – 113 – 121 – 122 – 123 – 124(b) – 126(g) – 128(g) – 129(d) – 133 – 134(d) – 137 – 138(d) – 139 – 140(g) – 142(d) – 143 – 145(h) – 148 – 149 – 150 – 151 – 152 – 153 – 155 – 157 – 158 – 160 – 161 – 162(g) – 167 – 172 – 173 – 175 – 1.
Vignette de couverture de l'édition hors-commerce, et dos de la jaquette de l'édition libraire.

**Xavier Richer :** pages 1 – 2 – 4 – 5 – 8 – 10 – 11 – 12 – 16 – 17 – 19 – 21 – 24(3) – 25(2) – 26 – 27 – 28 – 30 – 31 – 33(2) – 34(3) – 35(2) – 36(2) – 37 – 41 – 42 – 43 – 44 – 45 – 46 – 47(3) – 48(2) – 49(2) – 50 – 51 – 52(2) – 53(2) – 54(d) – 55– 56(2) – 57 – 59(2) – 60(3) – 61 – 62 – 63(2) – 64(3) – 65 – 66(3) – 68(2) – 69 – 70(2) – 71(d) – 73(d) – 74(bg, d) – 76 – 77 – 78 – 79(2) – 80(2) – 81(2) – 82(3) – 83 – 84(g) – 85 – 86(d) – 87(2) – 88 – 89 – 90(2) – 91 – 92(2) – 93 – 94 – 95 – 96(h) – 97 – 98(h) – 99 – 100(3) – 102(2) – 104(b) – 106(h) – 107 – 108 – 110 – 112(g) – 114(5) – 115 – 116 – 117 – 118(2) – 119 – 120(3) – 124(b) – 125 – 126(d) – 127 – 128(d) – 129(g) – 130 – 131(2) – 132 – 134(g) – 135 – 136(4) – 138(g) – 140(d) – 141(2) – 142(g) – 144 – 145(b) – 146 – 147(2) – 154(2) – 156 – 159 – 162(d) – 163 – 164 – 165 – 166(2) – 168 – 169 – 170 – 171 – 174.
Couverture de la jaquette de l'édition libraire.

Abréviations utilisées : g : gauche, d : droite, h : haut, b : bas

Imprimé en Italie
sur les presses de l'imprimerie PozzoGrosMonti (Turin)

Dépôt légal octobre 2001